JN411706

글·그림 무웅

힝~.

학선아,
왜 그러느냐?

아부지,
오빠가 나보고
복어 닮았대요.

학아~~.
네~.
왜 학선이를
놀렸느냐?
놀린 게 아니라
전 보이는 그대로
솔직하게 얘기했어요.
우워어어어!

생각하고
말한 것이냐?

말하는데
생각을 꼭 해야
하나요?

허허.

생각을 하지 않고
말을 하다 보면
실수가 생긴단다.
실수요?
전 안 그래요!
아니,
오빠 그래~.
내가
아까 얼마나
상처받았다고!
학아, 그래서
다른 사람 입장에서
생각하고 말해야
한단다.
다른 사람을 대할 때나
나 자신에게도 지켜야 할
예절이 있단다.
저에게도요?
우리 학이가
잘 모르는 것 같으니
인성·예절 교육을
해야겠구나.
교육은 싫은데….

과거 조상님들께서는
어린이들을 위해
사자소학을 만드셨단다.

저도 들어 봤어요.

사자소학은 어린이들이
올바른 인성과 예절을
쉽게 배울 수 있도록
네 글자로 만들어졌단다.

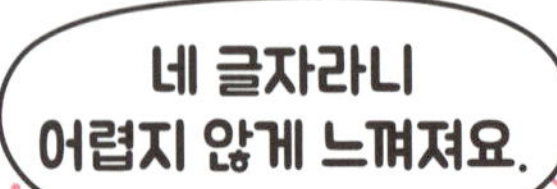
네 글자라니
어렵지 않게 느껴져요.

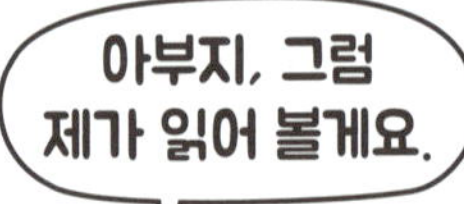
아부지, 그럼
제가 읽어 볼게요.

음….
무슨 말인지
하나도 모르겠어.
사자소학

그래서 이 아비가
너희 일상에 사자소학을
담아 보았단다.

쉽고 재미있는
사자소학 이야기!

오예~.

우리가 주인공이라
더 재미있어요.

정말?

학 선비님,
저희에게도
나누어 주십시오.
좋다! 풍악을 울려라~.
좋은 것은 나눠야지.
함께 사자소학
속으로 출발!

1장

가족을 사랑하고 공경해요

01

恩高如天 德厚似地

은고여천 덕후사지

恩	恩	恩	
은혜 은			
高	高	高	
높을 고			
如	如	如	
같을 여			
天	天	天	
하늘 천			

德	德	德	
클 덕			
厚	厚	厚	
두터울 후			
似	似	似	
닮을 사			
地	地	地	
땅 지			

부모님의 은혜는 높기가 하늘과 같고 덕은 두텁기가 땅과 같아요.

02

父母出入 每必起立

부모출입 매필기립

父	父	父	
아비 부			
母	母	母	
어미 모			
出	出	出	
날 출			
入	入	入	
들 입			

每	每	每	
매양 매			
必	必	必	
반드시 필			
起	起	起	
일어날 기			
立	立	立	
설 립(입)			

부	모	님	이		외	출	하	시	거	나		들
어	오	실		때	는		반	드	시		일	어
서	서		인	사	해	요	.					

03

出必告之 反必面之

출필고지 반필면지

出	出	出	
날 출			
必	必	必	
반드시 필			
告	告	告	
고할 고			
之	之	之	
갈 지			

反	反	反	
돌이킬 반			
必	必	必	
반드시 필			
面	面	面	
낯 면			
之	之	之	
갈 지			

나갈 때는 부모님께 알리고 들어오면 반드시 얼굴을 보여 드려요.

04

父母有命 俯首敬聽

부모유명 부수경청

父	父	父	
아비 부			
母	母	母	
어미 모			
有	有	有	
있을 유			
命	命	命	
목숨 명			

俯	俯	俯	
구부릴 부			
首	首	首	
머리 수			
敬	敬	敬	
공경할 경			
聽	聽	聽	
들을 청			

부모님이 명하시면 머리 숙여 공손히 들어요.

05

父母呼我 唯而趨進

부모호아 유이추진

父	父	父	
아비 부			
母	母	母	
어미 모			
呼	呼	呼	
부를 호			
我	我	我	
나 아			

唯	唯	唯	
오직 유			
而	而	而	
말 이을 이			
趨	趨	趨	
달릴 추			
進	進	進	
나아갈 진			

부	모	님	이		부	르	시	면		대	답	하
고		바	로		달	려	가	요	.			

06

身體髮膚 勿毁勿傷

신체발부 물훼물상

身	身	身	
몸 신			
體	體	體	
몸 체			
髮	髮	髮	
터럭 발			
膚	膚	膚	
살갗 부			

勿	勿	勿	
말 물			
毁	毁	毁	
헐 훼			
勿	勿	勿	
말 물			
傷	傷	傷	
다칠 상			

부모님이 주신 신체와 머리털을 상하게 하지 않아요.

07

勿登高樹 父母憂之

물등고수 부모우지

勿	勿	勿	
말 물			
登	登	登	
오를 등			
高	高	高	
높을 고			
樹	樹	樹	
나무 수			

父	父	父	
아비 부			
母	母	母	
어미 모			
憂	憂	憂	
근심할 우			
之	之	之	
갈 지			

부	모	님	이		걱	정	하	시	니		높	은
나	무	에		오	르	는		것	처	럼		위
험	한		행	동	은		하	지		않	아	요

08

事必稟行 無敢自專

사필품행 무감자전

事	事	事	
일 사			
必	必	必	
반드시 필			
稟	稟	稟	
여쭐 품			
行	行	行	
다닐 행			

無	無	無	
없을 무			
敢	敢	敢	
감히 감			
自	自	自	
스스로 자			
專	專	專	
오로지 전			

어	떤		일	을		할		때	는		반	드
시		부	모	님	께		묻	고		자	기	
멋	대	로		하	지		않	아	요	.		

09

比之於木 同根異枝

비지어목 동근이지

比	比	比	
견줄 비			
之	之	之	
갈 지			
於	於	於	
어조사 어			
木	木	木	
나무 목			

同	同	同	
한가지 동			
根	根	根	
뿌리 근			
異	異	異	
다를 이			
枝	枝	枝	
가지 지			

형제는 나무에 비유하면 같은 뿌리에서 자란 다른 가지와 같아요.

10

兄友弟恭 不敢怨怒

형우제공 불감원노

兄	兄	兄	
형 형			
友	友	友	
벗 우			
弟	弟	弟	
아우 제			
恭	恭	恭	
공손할 공			

不	不	不	
아닐 불			
敢	敢	敢	
감히 감			
怨	怨	怨	
원망할 원			
怒	怒	怒	
성낼 노			

형은 동생을 아끼고 동생은 형에게 공손하며 서로 화내지 않고 잘 지내요.

11

兄弟有難 悶而思救

형제유난 민이사구

兄	兄	兄	
형 형			
弟	弟	弟	
아우 제			
有	有	有	
있을 유			
難	難	難	
어려울 난			

悶	悶	悶	
답답할 민			
而	而	而	
말 이을 이			
思	思	思	
생각할 사			
救	救	救	
구원할 구			

형제간에 어려운 일이 있으면 근심하고 무엇을 도울 수 있을지 생각해요.

分母求多 有無相通

분무구다 유무상통

分	分	分	
나눌 분			
毋	毋	毋	
말 무			
求	求	求	
구할 구			
多	多	多	
많을 다			

有	有	有	
있을 유			
無	無	無	
없을 무			
相	相	相	
서로 상			
通	通	通	
통할 통			

나눌 때 자기 것을 많이 가지려 욕심내지 말고 서로 나누고 배려해요.

13

兄弟有失 隱而勿揚

형제유실 은이물양

兄	兄	兄	
형 형			
弟	弟	弟	
아우 제			
有	有	有	
있을 유			
失	失	失	
잃을 실			

隱	隱	隱	
숨을 은			
而	而	而	
말 이을 이			
勿	勿	勿	
말 물			
揚	揚	揚	
날릴 양			

형제간에 잘못이 있으면 숨겨 주고 드러내지 않아요.

2장

웃어른께 예의 바르게 행동해요

01

出入門戶 開閉必恭

출입문호 개폐필공

出	出	出	
날 출			
入	入	入	
들 입			
門	門	門	
문 문			
戶	戶	戶	
집 호			

開	開	開	
열 개			
閉	閉	閉	
닫을 폐			
必	必	必	
반드시 필			
恭	恭	恭	
공손할 공			

드	나	들	며		문	을		여	닫	을		때
조	심	스	럽	게		닫	아	요	.			

02

口勿雜談 手勿雜戲

구물잡담 수물잡희

口	口	口	
입 구			
勿	勿	勿	
말 물			
雜	雜	雜	
섞일 잡			
談	談	談	
말씀 담			

手	手	手	
손 수			
勿	勿	勿	
말 물			
雜	雜	雜	
섞일 잡			
戲	戲	戲	
놀 희			

입으로 쓸데없는 말을 하지 않고 손으로 장난하지 않아요.

03

須勿放笑 亦勿高聲

수물방소 역물고성

須	須	須	
모름지기 수			
勿	勿	勿	
말 물			
放	放	放	
놓을 방			
笑	笑	笑	
웃을 소			

亦	亦	亦	
또 역			
勿	勿	勿	
말 물			
高	高	高	
높을 고			
聲	聲	聲	
소리 성			

큰 소리로 웃지 말고 큰 소리로 말하지 않아요.

04

飮食雖厭 與之必食

음식수염 여지필식

飮	飮	飮	
마실 음			
食	食	食	
밥 식			
雖	雖	雖	
비록 수			
厭	厭	厭	
싫어할 염			

與	與	與	
줄 여			
之	之	之	
갈 지			
必	必	必	
반드시 필			
食	食	食	
밥 식			

음	식	이		먹	기		싫	더	라	도		어
른	이		주	시	면		조	금	이	라	도	
먹	어	요	.									

05

長者之前 進退必恭

장자지전 진퇴필공

長	長	長	
길 장			
者	者	者	
놈 자			
之	之	之	
갈 지			
前	前	前	
앞 전			

進	進	進	
나아갈 진			
退	退	退	
물러날 퇴			
必	必	必	
반드시 필			
恭	恭	恭	
공손할 공			

어른들 앞에서는 나아가고 물러날 때 공손히 해요.

06

器有飮食 不與勿食

기유음식 불여물식

器	器	器	
그릇 기			
有	有	有	
있을 유			
飮	飮	飮	
마실 음			
食	食	食	
밥 식			

不	不	不	
아닐 불			
與	與	與	
줄 여			
勿	勿	勿	
말 물			
食	食	食	
밥 식			

그릇에 음식이 있어도 어른이 주시지 않으면 먹지 않아요.

事師如親 必恭必敬

사사여친 필공필경

事	事	事	
일 사			
師	師	師	
스승 사			
如	如	如	
같을 여			
親	親	親	
친할 친			

必	必	必	
반드시 필			
恭	恭	恭	
공손할 공			
必	必	必	
반드시 필			
敬	敬	敬	
공경할 경			

스승 섬기기를 어버이와 같이 하고 반드시 공경하는 마음을 가져요.

08

我敬人親 人敬我親

아경인친 인경아친

我	我	我	
나 아			
敬	敬	敬	
공경할 경			
人	人	人	
사람 인			
親	親	親	
친할 친			

人	人	人	
사람 인			
敬	敬	敬	
공경할 경			
我	我	我	
나 아			
親	親	親	
친할 친			

내가 다른 사람의 어버이를 공경하면 다른 사람이 내 어버이를 공경해요.

09

賓客來訪 接待必誠

빈객래방 접대필성

賓	賓	賓	
손 빈			
客	客	客	
손 객			
來	來	來	
올 래(내)			
訪	訪	訪	
찾을 방			

接	接	接	
이을 접			
待	待	待	
기다릴 대			
必	必	必	
반드시 필			
誠	誠	誠	
정성 성			

손님이 찾아오거든 정성스럽게 대접해요.

3장

친구와
사이좋게 지내요

01

一粒之食 必分而食

일립지식 필분이식

一	一	一	
한 일			
粒	粒	粒	
낟알 립(입)			
之	之	之	
갈 지			
食	食	食	
밥 식			

必	必	必	
반드시 필			
分	分	分	
나눌 분			
而	而	而	
말 이을 이			
食	食	食	
밥 식			

한 알의 음식이라도 반드시 나누어 먹어요.

02

人之在世 不可無友

인지재세 불가무우

人	人	人	
사람 인			
之	之	之	
갈 지			
在	在	在	
있을 재			
世	世	世	
대 세			

不	不	不	
아닐 불			
可	可	可	
옳을 가			
無	無	無	
없을 무			
友	友	友	
벗 우			

사람은 세상을 살아가는데 친구가 꼭 필요해요.

03

以文會友 以友輔仁

이문회우 이우보인

以	以	以	
써 이			
文	文	文	
글월 문			
會	會	會	
모일 회			
友	友	友	
벗 우			

以	以	以	
써 이			
友	友	友	
벗 우			
輔	輔	輔	
도울 보			
仁	仁	仁	
어질 인			

글을 통해 친구를 모으고 친구를 통해 어질고 착한 마음을 키워요.

04

友其正人 我亦自正

우기정인 아역자정

友	友	友	
벗 우			
其	其	其	
그 기			
正	正	正	
바를 정			
人	人	人	
사람 인			

我	我	我	
나 아			
亦	亦	亦	
또 역			
自	自	自	
스스로 자			
正	正	正	
바를 정			

바	른		사	람	과		친	구	를		하	면
나	도		저	절	로		바	르	게		돼	요

05

白沙在泥 不染自汚

백사재니 불염자오

白	白	白	
흰 백			
沙	沙	沙	
모래 사			
在	在	在	
있을 재			
泥	泥	泥	
진흙 니			

不	不	不	
아닐 불			
染	染	染	
물들 염			
自	自	自	
스스로 자			
汚	汚	汚	
더러울 오			

흰 모래가 진흙에 있으면 물들이지 않아도 저절로 더러워져요.

06

擇而交之 有所補益

택이교지 유소보익

擇	擇	擇	
가릴 택			
而	而	而	
말 이을 이			
交	交	交	
사귈 교			
之	之	之	
갈 지			

有	有	有	
있을 유			
所	所	所	
바 소			
補	補	補	
기울 보			
益	益	益	
더할 익			

친구를 가려서 사귀면 나에게 도움이 돼요.

07

朋友有過 忠告善導

붕우유과 충고선도

朋	朋	朋	
벗 붕			
友	友	友	
벗 우			
有	有	有	
있을 유			
過	過	過	
지날 과			

忠	忠	忠	
충성 충			
告	告	告	
고할 고			
善	善	善	
착할 선			
導	導	導	
인도할 도			

친	구	에	게		잘	못	이		있	으	면	
충	고	하	여		착	하	게		이	끌	어	요

08

人無責友 易陷不義

인무책우 이함불의

人	人	人	
사람 인			
無	無	無	
없을 무			
責	責	責	
꾸짖을 책			
友	友	友	
벗 우			

易	易	易	
쉬울 이			
陷	陷	陷	
빠질 함			
不	不	不	
아닐 불			
義	義	義	
옳을 의			

잘못을 꾸짖어 주는 친구가 없으면 의롭지 못한데 빠지기 쉬워요.

09

面讚我善 諂諛之人

면찬아선 첨유지인

面	面	面	
낯 면			
讚	讚	讚	
기릴 찬			
我	我	我	
나 아			
善	善	善	
착할 선			

諂	諂	諂	
아첨할 첨			
諛	諛	諛	
아첨할 유			
之	之	之	
갈 지			
人	人	人	
사람 인			

내 앞에서 나의 착한 점을 칭찬하면 나에게 잘 보이려 하는 사람이에요.

10

言而不信 非直之友

언이불신 비직지우

言	言	言	
말씀 언			
而	而	而	
말 이을 이			
不	不	不	
아닐 불			
信	信	信	
믿을 신			

非	非	非	
아닐 비			
直	直	直	
곧을 직			
之	之	之	
갈 지			
友	友	友	
벗 우			

말할 때 믿음이 가지 않으면 정직한 친구가 아니에요.

4장

바른 마음으로 바르게 행동해요

01

室堂有塵 常必灑掃

실당유진 상필쇄소

室	室	室	
집 실			
堂	堂	堂	
집 당			
有	有	有	
있을 유			
塵	塵	塵	
티끌 진			

常	常	常	
항상 상			
必	必	必	
반드시 필			
灑	灑	灑	
뿌릴(물뿌릴) 쇄			
掃	掃	掃	
쓸(청소할) 소			

방과 거실에 먼지가 있거든 깨끗하게 청소해요.

02

見善從之 知過必改

견선종지 지과필개

見	見	見	
볼 견			
善	善	善	
착할 선			
從	從	從	
좇을 종			
之	之	之	
갈 지			

知	知	知	
알 지			
過	過	過	
지날 과			
必	必	必	
반드시 필			
改	改	改	
고칠 개			

착한 것을 보면 그것을 따르고 잘못을 알면 반드시 고쳐요.

03

厭人責者 其行無進

염인책자 기행무진

厭	厭	厭	
싫어할 염			
人	人	人	
사람 인			
責	責	責	
꾸짖을 책			
者	者	者	
놈 자			

其	其	其	
그 기			
行	行	行	
다닐 행			
無	無	無	
없을 무			
進	進	進	
나아갈 진			

남	의		꾸	짖	음	을		싫	어	하	면	
그		행	동	에		발	전	이		없	어	요

04

目容必端 口容必止

목용필단 구용필지

目	目	目	
눈 목			
容	容	容	
얼굴 용			
必	必	必	
반드시 필			
端	端	端	
끝 단			

口	口	口	
입 구			
容	容	容	
얼굴 용			
必	必	必	
반드시 필			
止	止	止	
그칠 지			

눈빛은 바르고 단정하게 하고 입은 무겁고 조심스럽게 해요.

05

疑必思問 忿必思難

의필사문 분필사난

疑	疑	疑	
의심할 의			
必	必	必	
반드시 필			
思	思	思	
생각할 사			
問	問	問	
물을 문			

忿	忿	忿	
성낼 분			
必	必	必	
반드시 필			
思	思	思	
생각할 사			
難	難	難	
어려울 난			

의심나는 것은 반드시 묻고 화가 날 때는 뒷일을 생각해요.

06

非禮勿視 非禮勿聽

비례물시 비례물청

非	非	非	
아닐 비			
禮	禮	禮	
예도 례			
勿	勿	勿	
말 물			
視	視	視	
볼 시			

非	非	非	
아닐 비			
禮	禮	禮	
예도 례			
勿	勿	勿	
말 물			
聽	聽	聽	
들을 청			

예의에 어긋나는 것은 보지도 듣지도 않아요.

07

行必正直 言則信實

행필정직 언즉신실

行	行	行	
다닐 행			
必	必	必	
반드시 필			
正	正	正	
바를 정			
直	直	直	
곧을 직			

言	言	言	
말씀 언			
則	則	則	
곧 즉			
信	信	信	
믿을 신			
實	實	實	
열매 실			

행	동	은		바	르	게		하	고		말	은
믿	음	이		가	게		해	요	.			

08

作事謀始 出言顧行

작사모시 출언고행

作	作	作	
지을 작			
事	事	事	
일 사			
謀	謀	謀	
꾀할 모			
始	始	始	
비로소 시			

出	出	出	
날 출			
言	言	言	
말씀 언			
顧	顧	顧	
돌아볼 고			
行	行	行	
다닐 행			

일을 할 때는 시작을 잘 계획하고 말을 할 때는 나의 행동을 돌아봐요.

09

常德固持 然諾重應

상덕고지 연낙중응

常	常	常	
항상 상			
德	德	德	
덕 덕			
固	固	固	
굳을 고			
持	持	持	
가질 지			

然	然	然	
그러할 연			
諾	諾	諾	
대답할 낙			
重	重	重	
무거울 중			
應	應	應	
응할 응			

덕을 지키고 대답할 때는 신중하게 해요.

10

莫談他短 靡恃己長

막담타단 미시기장

莫	莫	莫	
없을 막			
談	談	談	
말씀 담			
他	他	他	
다를 타			
短	短	短	
짧을 단			

靡	靡	靡	
쓰러질 미			
恃	恃	恃	
믿을 시			
己	己	己	
몸(자기) 기			
長	長	長	
길 장			

다른 사람의 단점을 말하지 말고 나의 장점을 믿지 않아요.

5장

열심히 배우고 노력해요

01

夙興夜寐 勿懶讀書

숙흥야매 물라독서

夙	夙	夙	
이를 숙			
興	興	興	
일 흥			
夜	夜	夜	
밤 야			
寐	寐	寐	
잠잘 매			

勿	勿	勿	
말 물			
懶	懶	懶	
게으를 라			
讀	讀	讀	
읽을 독			
書	書	書	
글 서			

아침 일찍 일어나고 밤늦게까지 공부하며 공부를 게을리하지 않아요.

02

始習文字 字畫楷正

시습문자 자획해정

始	始	始	
비로소 시			
習	習	習	
익힐 습			
文	文	文	
글월 문			
字	字	字	
글자 자			

字	字	字	
글자 자			
畫	畫	畫	
그을 획			
楷	楷	楷	
본보기 해			
正	正	正	
바를 정			

처	음		글	자	를		배	울		때	부	터
글	자	의		획	을		바	르	게		쓸	
수		있	도	록		연	습	해	요	.		

03

書冊狼藉 每必整頓

서책랑자 매필정돈

書	書	書	
글 서			
冊	冊	冊	
책 책			
狼	狼	狼	
이리 랑			
藉	藉	藉	
깔개 자			

每	每	每	
매양 매			
必	必	必	
반드시 필			
整	整	整	
가지런할 정			
頓	頓	頓	
조아릴 돈			

책	이		어	질	러	져		있	으	면		반
드	시		정	리	정	돈	해	요	.			

04

讀書勤儉 起家之本

독서근검 기가지본

讀	讀	讀	
읽을 독			
書	書	書	
글 서			
勤	勤	勤	
부지런할 근			
儉	儉	儉	
검소할 검			

起	起	起	
일어날 기			
家	家	家	
집 가			
之	之	之	
갈 지			
本	本	本	
근본 본			

부지런히 공부하고 아끼는 습관은 집안을 일으키는 바탕이 돼요.

05

視必思明 聽必思聰

시필사명 청필사총

視	視	視	
볼 시			
必	必	必	
반드시 필			
思	思	思	
생각할 사			
明	明	明	
밝을 명			

聽	聽	聽	
들을 청			
必	必	必	
반드시 필			
思	思	思	
생각할 사			
聰	聰	聰	
귀 밝을 총			

눈	으	로		보	고		귀	로		들	을	
때		집	중	해	서		똑	똑	하	게		보
고		들	어	요	.							

06

晨必先起 必盥必漱

신필선기 필관필수

晨	晨	晨	
새벽 신			
必	必	必	
반드시 필			
先	先	先	
먼저 선			
起	起	起	
일어날 기			

必	必	必	
반드시 필			
盥	盥	盥	
대야 관			
必	必	必	
반드시 필			
漱	漱	漱	
양치질할 수			

새벽에 먼저 일어나 세수하고 양치질하며 하루를 준비해요.

07

勤勉工夫 父母悅之

근면공부 부모열지

勤	勤	勤	
부지런할 근			
勉	勉	勉	
힘쓸 면			
工	工	工	
장인 공			
夫	夫	夫	
지아비 부			

父	父	父	
아비 부			
母	母	母	
어미 모			
悅	悅	悅	
기뻐할 열			
之	之	之	
갈 지			

공	부	에		부	지	런	히		힘	쓰	면	
부	모	님	께	서		기	뻐	해	요	.		